Einfach Bachelor!

Gekonnt zur erfolgreichen Abschlussarbeit

Wie Sie Schritt für Schritt Ihre Bachelorarbeit schreiben und alle Formalitäten perfekt einhalten, inkl. 3-monatigem Action-Plan

Maria Schreiber

🎓 INHALT

Das erwartet Sie in diesem Buch

Sie ist das letzte große Hindernis auf dem Weg zum Studienabschluss: die Bachelorarbeit. Wegen ihr werden Tränen vergossen, Schokoriegel vernichtet, Nächte durchgearbeitet und Nerven bis aufs Äußerste strapaziert. Tatsächlich bekommt die Bachelorarbeit in vielen Studiengängen jedoch nur einen geringen Teil der Leistungspunkte, die insgesamt erbracht werden müssen. Und trotzdem löst sie in vielen Studenten mehr Verzweiflung und Versagensängste aus als alle Klausuren vorher, insbesondere dann, wenn wenig

Erfahrungen im Schreiben von wissenschaftlichen Arbeiten, zum Beispiel in Form von Hausarbeiten, gemacht wurden. Doch dem muss nicht so sein. Dieses Buch soll Ihnen dabei helfen, sich mit der grundlegenden Herangehensweise an eine Bachelorarbeit vertraut zu machen und Ihre eigene Arbeit gezielt und planvoll anzugehen, sodass Sie sie angstfrei und entspannt fertigstellen werden.

Es wird Ihnen helfen, eine Idee davon zu bekommen, welche Schritte Sie wann gehen müssen und welche Fragen Sie sich wann stellen müssen. Damit unterstützt Sie dieses Buch mit dem schwersten Teil Ihrer Arbeit: Der Konzeption. Es beantwortet die Fragen, die sich viele Studenten nicht trauen zu stellen, aus Sorge, sie seien zu trivial. Doch zum einen ist die Konzeption einer Bachelorarbeit alles andere als trivial. Zum anderen müssen auch Grundlagen erlernt werden und sind nicht plötzlich da, nur weil Ihre Universität es möglicherweise versäumte, Ihnen diese Grundfertigkeiten zu lehren. Möglicherweise haben Sie in diesem Bereich eine Lücke. Doch eine Lücke ist nur eine Lücke und nichts weiter. Kein persönliches Versagen, keine Ungeeignetheit, nichts, für das man sich schämen müsste. Und so will dieses

Buch all den Scham und die Verzweiflung aus dem Thema Abschlussarbeiten nehmen und Ihnen einfach und von Grund auf beibringen, wie Sie Ihre Arbeit angehen können, sodass Sie Erfolg haben werden. Nachdem Ihnen zu Anfang erklärt wird, zwischen welchen Arten von Bachelorarbeiten Sie grundsätzlich wählen können, wird Ihnen Schritt für Schritt das Vorgehen so erklärt, dass Sie es sofort für Ihre eigene Arbeit umsetzen können. Zum Schluss wird auf die psychologischen Herausforderungen dieser Phasen eingegangen, sodass Sie sich auf diese einstellen und ihnen adäquat begegnen können. Außerdem wird Ihnen ein dreimonatiger beispielhafter Zeitplan gezeigt, sodass Sie eine Idee bekommen, wie Sie Ihre Arbeit zeitlich planen können. So steht Ihrem Studienabschluss nichts mehr im Wege!

Grundsätzlich
Informationen

Wenn Sie noch nie eine wissenschaftliche Arbeit selbst geschrieben und auch sonst wenig Kontakt mit anderen Arbeiten dieser Arbeit gemacht haben, ist es wahrscheinlich, dass Sie einiges Grundsätzliches erfahren sollten. Im Unterschied zu normalen Hausarbeiten, die Sie möglicherweise geschrieben haben, sollen Sie in einer Bachelorarbeit etwas Neues schaffen, anstatt nur bereits bekannte Phänomene und Informationen wiederzugeben. Um diesen Mehrwert Ihrer Arbeit zu erreichen, können Sie zwischen drei verschiedenen Arten von Arbeiten wählen, die jeweils ihre Vor- und Nachteile mit sich bringen und im Folgenden erklärt werden.

3 ARTEN VON BACHELORARBEITEN

Es gibt verschiedene Möglichkeiten, Bachelorarbeiten zu unterscheiden. Häufig stößt man auf die Unterscheidung zwischen **empirischen Arbeiten** und **theoretischen Arbeiten**. Die Theoriearbeit wird hier als Literaturarbeit beschrieben. Da die empirische Arbeit sowohl mit selbst generierten Daten, als auch mit sekundären, bereits erhobenen Daten geschrieben werden kann, ist diese Art der Arbeit hier in zwei Subformen aufgeteilt: die **Sekundärdatenanalyse** und die **eigene Datenerhebung**.

Bedenken Sie bereits bei der Entwicklung ihres Themas und ihrer Fragestellung, welche Form der Arbeit für ihr Thema geeignet ist. Andersherum können Sie sich auch für eine Art der Bachelorarbeit entscheiden und überlegen, welches Thema auf diese Art der Arbeit passen könnte.

Die Literaturarbeit (Theoriearbeit)

Wenn Sie sich dafür entscheiden, eine reine Literaturarbeit zu schreiben, erheben Sie weder eigenen Daten, mit denen Sie eine Forschungsfrage beantworten, noch werten Sie bereits erhobene Rohdaten auf eine Fragestellung hin aus. Stattdessen arbeiten Sie mit bereits vorhandener Sekundärliteratur. Es gibt verschiedene Möglichkeiten, wie Sie eine Literaturarbeit schreiben können. Zunächst ist es möglich, einen Überblick über den aktuellen Forschungsstand zu verfassen und dadurch aus verschiedenen Puzzlestücken ein Gesamtbild zu erstellen. Dadurch erleichtern Sie es anderen, das Thema zu durchblicken, ohne selbst alle Quellen dazu lesen zu müssen. Wenn Sie sich für diesen Weg entscheiden, sollten Sie allerdings beachten, dass die Erwartung an Sie sein wird, so gut wie alle Quellen zu Ihrem Thema gelesen zu haben. Eine zweite Möglichkeit besteht darin, Forschungslücken oder neue Forschungsfragen zu einem Thema herauszuarbeiten. Auch hier müssen Sie jedoch zunächst einen nahezu perfekten Überblick über Ihr Thema erlangen. Eine dritte Option, die häufig gewählt wird, ist der Vergleich zweier oder mehrerer Theorien oder Modelle zu einem bestimmten Thema. Hier könnte Ihre Fragestellung zum Beispiel danach fragen, welche Theorie einen bestimmten Sachverhalt besser erklärt oder welche Schwächen und Stärken bestimmte Theorien und Modelle haben. Daraus ergibt sich bereits eine vierte Möglichkeit: Sie können ein bereits bekanntes Modell oder eine Theorie weiterentwickeln. Dies erfordert viel Denkarbeit und unter Umständen auch Einfallsreichtum.

Der große Vorteil von Literaturarbeiten liegt darin, dass der große Aufwand wegfällt, der durch das Erheben eigener Daten entsteht. Außerdem werden keine statistischen Fähigkeiten benötigt, wie sie bei empirischen Arbeiten benötigt werden. Darüber hinaus kann man Literaturarbeiten unter Umständen sehr schnell schreiben, da Wartezeiten auf Umfrageantworten oder die Ergebnisse von Experimenten wegfallen. Dadurch erscheint eine Literaturarbeit vielen Studenten auf den ersten Blick sehr attraktiv. Zusätzlich sind Sie in Ihrem Schreibprozess flexibel und zeitlich wie räumlich unabhängig von lange andauernden Datenerhebungen. Doch Vorsicht: Für eine Literaturarbeit müssen Sie wesentlich ausführlicher und umfänglicher recherchieren als für empirische Arbeiten. Die Erwartung an die Genauigkeit und den Umfang Ihrer Recherche ist deutlich höher, als wenn lediglich ein Teil Ihrer Arbeit aus Literaturarbeit besteht, wie es bei einer empirischen Arbeit der Fall ist. Da empirische Arbeiten, unabhängig davon, ob dies gerechtfertigt ist oder nicht, im Gegensatz zu Literaturarbeiten bei vielen Dozenten als wissenschaftlich wertvoller gelten, ist es teilweise auch schwerer, mit einer Literaturarbeit eine gute Note zu erzielen.

Empirische Arbeit A: Die Sekundärdatenanalyse

Wenn Sie sich dafür entscheiden, eine empirische Arbeit zu schreiben, können Sie entweder selbst Daten erheben oder aber auf bereits erhobene Daten zurückgreifen und diese auf eine eigene Fragestellung hin auswerten. Diese Form der Bachelorarbeit kann sehr dankbar sein, sofern Sie die notwendigen statistischen Fähigkeiten erlernt haben. Der Schwerpunkt Ihrer Arbeit wird hier neben der theoretischen Literaturarbeit im Vorfeld auf der Auswertung der Daten mithilfe von statistischen Programmen und der anschließenden Darstellung sowie Diskussion der Ergebnisse liegen. Wie bei der Literaturarbeit sind Sie auch hier zeitlich und räumlich unabhängig, sobald Sie Zugang zum Datensatz haben. Die Schwierigkeit dieser Art von Bachelorarbeit besteht darin, einen Datensatz zu finden, der die Möglichkeit bietet, ihn auf eine eigene, noch nicht gestellte Fragestellung hin zu analysieren. Wenn Sie einen solchen Datensatz gefunden haben und in der statistischen Auswertung fit sind, kann Ihre Analyse in wenigen Stunden erledigt sein.

Empirische Arbeit B: Die eigene Datenerhebung

Die eigene Datenerhebung ist die Art von Bachelorarbeit, die der tatsächlichen wissenschaftlichen Arbeit am nächsten kommt. Hier werden Sie selbst zum Forscher und erheben die Daten, die Sie zur Beantwortung Ihrer Fragestellung benötigen, selbst. Dazu müssen Sie, optimalerweise in Absprache mit Ihrem Dozenten, zunächst eine geeignete Methodik für sich wählen. Gängige Methoden sind beispielsweise die Beobachtung, die Umfrage oder das Interview. Im Vorfeld sollten Sie sich außerdem darüber Gedanken machen, ob Sie quantitative Daten erheben möchten oder lieber qualitativ arbeiten wollen. Bei der quantitativen Datenerhebung wird mit strikt standardisierten Fragebögen gearbeitet, bei denen in der Regel keine oder nur wenige Möglichkeiten für offene

Antworten seitens der Befragten bestehen. Der Vorteil in dieser Form der Datenerhebung besteht darin, dass die Ergebnisse später mit standardisierten statistischen Modellen ausgewertet werden können und so in der Regel sehr hohe Aussagekraft besitzen. Diese Methode wird häufig bei schon gut untersuchten Forschungsfeldern genutzt, um bereits bestehende Theorien weiter zu überprüfen oder bestehende Theorien weiterzuentwickeln und zu verfeinern. Für einen quantitativen Fragebogen sind allerdings schon Vorannahmen und ein Grundwissen über die Zielpopulation vonnöten, um genaue Fragen stellen zu können. Denn wenn die Zielpopulation noch unbekannt ist, ist auch nicht klar, was genau gefragt werden soll.

Im Gegensatz hierzu steht die qualitative Datenerhebung, die in der Regel mit persönlichen, aber ebenso standardisierten Interviews von Einzelpersonen arbeitet. Dabei sind die Interviewfragen zwar standardisiert und funktionieren nach einem Leitfaden, aber die Antworten der Befragten werden nicht in ein vereinheitlichtes Schema gepresst, wie es bei quantitativen Fragebögen der Fall ist. Hier können die Befragten offen über eine Frage sprechen und ihre Perspektive detailliert schildern. Der Vorteil liegt hierbei darin, dass bislang schlecht erforschte oder weniger erforschte Fragestellungen gut bearbeitet werden können, für die in der Regel zu wenig Kenntnisse vorliegen, um einen guten quantitativen Fragebogen zu erstellen.

Bei dieser Form der Datenerhebung müssen Sie sich vorab über den Umfang eines Interviews im Klaren sein, um die Menge an Interviews abschätzen zu können. Der Prozess einer qualitativen Befragung ist allerdings etwas dynamischer, da sich im Laufe des Prozesses herausstellen kann, dass Informationen fehlen oder bestimmte Aspekte bei den Befragten immer wieder auftauchen, die Sie noch einmal genauer erforschen möchten, sodass gegebenenfalls noch weitere Interviews geführt werden müssen. Für die Auswertung und Systematisierung solcher Interviews bietet sich zum Beispiel das Programm MAXQDA an. Hier können Muster in Interviews sichtbar gemacht werden. So können Interviews anhand von Theorien und Hypothesen ausgewertet werden. Ein großer Vorteil der eigenen Datenerhebung liegt in der Kontrolle, die Sie über den gesamten Forschungsvorgang von der Erhebung der Daten bis zur Auswertung haben. Sie können genau die Daten erheben, die Sie zur Beantwortung Ihrer Frage brauchen, und müssen sich nicht mit unpassenden Fragestellungen herumschlagen, wie es bei der Auswertung von Sekundärdaten der Fall sein kann. Der Nachteil einer solchen Arbeit liegt im Aufwand, den eine solche Erhebung oft mit sich bringt. Planen Sie daher von Anfang an viel Zeit ein und bedenken Sie, dass in der Phase der Datenerhebung Probleme auftreten können, zum Beispiel wenn Sie zu wenig Rücklauf für Ihre Umfragen bekommen. Außerdem brauchen Sie für eine eigene Datenerhebung methodisches und statistisches Wissen, da Sie sowohl während der Erhebung als auch während der Auswertung wissenschaftliche Regeln beachten müssen. Dennoch kann eine solche Bachelorarbeit lohnenswert sein, zum einen, weil Sie aufgrund der hohen Eigenständigkeit gezielt ein Thema Ihres Interesses bearbeiten können, zum anderen, weil eigene Datenerhebungen von vielen Dozenten sehr geachtet werden und Ihnen somit einen Vorteil in Ihrer Bewertung verschaffen können.

Die ersten Schritte

Der erste Schritt ist bekanntlich der schwerste. Diese volkstümlich gebräuchliche Regel trifft auch auf eine Bachelorarbeit zu. Nicht zu wissen, wie man das Projekt Bachelorarbeit überhaupt starten soll, kann zu Lähmung und Prokrastination führen. Daher ist es hier wichtig, den Schritt zu gehen, ohne groß darüber nachzudenken, ob man ihn in die richtige Richtung setzt. Sie müssen diesen Weg immerhin nicht allein gehen. Die Dozenten und Professoren Ihrer Universität werden Ihnen Ratschläge geben und Sie unterstützen. Auch kann es hilfreich sein, Kommilitonen nach Ihrem Weg zu fragen und sich daran zu orientieren.

THEMA SUCHEN ODER DOZENT FINDEN – WAS KOMMT ZUERST?

Oft stellt sich die Frage, ob zuerst ein Thema gesucht oder ein Dozent angesprochen werden sollte. Hier gibt es keine eindeutige Lösung, denn die Antwort hängt von vielen Faktoren ab. Letztendlich sind beide Vorgehensweisen legitim. Sollten Sie bereits einen mehr oder weniger klaren Themenwunsch hegen, können Sie damit zu einem Dozenten gehen und gemeinsam mit ihm Ihr Thema konkretisieren und Ihre Fragestellung herausarbeiten. Haben Sie aber keine Idee, was Ihr Thema sein könnte, ist es ebenfalls möglich, einen Dozenten aufzusuchen und zu fragen, ob er aktuell Themenvorschläge für Bachelorarbeiten hat, die ihn zum Beispiel bei seiner aktuellen Forschung unterstützen. Häufig schreiben Universitäten auch Bachelorarbeitsthemen aus. In diesem Fall können Sie sich einfach eines auswählen und sich an den verantwortlichen Dozenten wenden. Doch auch, wenn Ihre eigene Universität keine solchen Vorschläge hat, können Sie auf den Websites anderer Universitäten nach ausgeschriebenen Bachelorthemen suchen und diese für sich adaptieren. Dabei funktionieren sowohl bereits geschriebene Arbeiten als auch noch anzufertigende. Dieses Vorgehen hat den Vorteil, dass Ihnen bereits ein Thema vorliegt, dass in Umfang und Machbarkeit einer Bachelorarbeit entspricht. Sollten Ihnen jegliche Ideen für ein Thema fehlen, lohnt es sich, auf YouTube, im Internet oder sogar auf Google Scholar nach Ihren Interessengebieten zu suchen, um zu sehen, in welche Richtung bereits Forschungen gemacht wurden und werden. Natürlich sollten Sie dabei einen möglichen Bezug zu Ihrem Studienfach nicht völlig außer Acht lassen.

Grundsätzlich sollten Sie zwei Punkte in Ihrer Themensuche beachten: Interesse und Machbarkeit. Je mehr Sie das Thema Ihrer Arbeit interessiert, desto leichter wird es Ihnen fallen, sich mehrere Monate mit diesem Thema auseinanderzusetzen, und desto mehr Motivation werden Sie für Ihre Arbeit aufbringen können. Andererseits sollten Sie bei der Wahl Ihres Themas beachten, dass Ihr Thema für Sie in einem sowohl inhaltlich als auch methodisch machbaren Rahmen bleibt, da Sie sonst überfordert sein könnten und dadurch gebremst werden. Grade, wenn es nur darum geht, das Studium schnell zu beenden, sollten Sie zwischen Interesse und Machbarkeit ein Kompromiss schließen. Wo Sie sich auf der Skala zwischen diesen beiden Faktoren befinden wollen, hängt am Ende aber nur von Ihnen ab.

Ein weiterer Punkt, den Sie bei der Wahl Ihres Themas beachten sollten, ist der aktuelle Forschungsstand zu dem Thema. Wenn Sie ein Thema bearbeiten wollen, zu dem es bisher noch fast gar keine Forschungen gibt, kann es schwer werden, den Theorieteil Ihrer Arbeit zu schreiben. Grade in einer Bachelorarbeit geht es nicht zwingend darum, wirklich neue Erkenntnisse zu gewinnen, sondern vor allem darum, zu zeigen, dass man des wissenschaftlichen Arbeitens mächtig ist. Wenn es dennoch einen Bereich gibt, in dem noch nicht alle Fragen geklärt sind und Sie dazu beitragen können: umso besser.

Ähnliches gilt für die Wahl Ihres Dozenten: Viele Studenten wählen Ihren Dozenten nur nach der fachlichen Kompetenz in Bezug auf ihr Thema aus. Dies kann aber auch in Sackgassen führen. Bedenken Sie: Je besser sich Ihr Dozent oder auch Professor mit dem von Ihnen ausgewählten Thema auskennt, desto genauer wird er Ihre Arbeit begutachten und desto schneller werden ihm Fehler und Ungereimtheiten auffallen. Unter Umständen kann es also sinnvoller sein, einen Dozenten zu wählen, der sich gar nicht so genau mit Ihrem Thema auskennt. Geht es Ihnen darum, sich mit Ihrem Herzensthema ambitioniert auseinanderzusetzen, ist es sinnvoll, eine Betreuung mit der bestmöglichen Expertise dafür zu finden.

Generell sollten Sie beachten, dass Ihnen Ihr Betreuer sympathisch ist und er Ihnen auf dem Weg Ihrer Arbeit Unterstützung anbieten kann. Gerade hier ist es sinnvoll, sich die Erfahrungen von fertigen Absolventen anzuhören. Ein Betreuer, der für Sie erreichbar ist, sich Ihre Fragen anhören kann und Zeit hat, Sie zu unterstützen, ist mehr wert als ein absoluter Experte Ihres Themas, der Sie mit dieser herausfordernden Aufgabe allein lässt.

DAS THEMA KONKRETISIEREN – ENTWICKELN SIE IHRE FORSCHUNGSFRAGE

Haben Sie ein grobes Thema und einen Dozenten gefunden, der Sie betreut, werden Sie gemeinsam an der Konkretisierung Ihres Themas arbeiten und versuchen, eine gezielte, konkrete Forschungsfrage daraus zu entwickeln. Hierbei ist es extrem wichtig, dass Sie Ihre Forschungsfrage nicht zu weit fassen, da Sie sonst hinterher sowohl mit dem Umfang Ihrer Arbeit an Grenzen stoßen als auch weniger stringent Ihre Frage beantworten können. Bei der Feinjustierung Ihres Themas sollten Sie bereits mitbedenken, mit welchen Methoden Sie Ihre Forschungsfrage lösen können und welche Grundannahmen (Hypothesen) Sie möglicherweise prüfen wollen. Für Idealisten und Perfektionisten sei gesagt: Selbst, wenn das Thema am Ende schmaler ist, als Sie sich das gewünscht hatten, heißt das nicht, dass Sie sich in Ihrem Leben nicht noch ausführlicher mit dem Thema beschäftigen können! Ein gezielt formuliertes Thema erspart Ihnen am Ende viel Arbeit. Bedenken Sie auch, dass es sich bei Ihrem Vorhaben „nur" um eine Bachelorarbeit handelt. Besonders ehrgeizige Studenten neigen oft dazu, ein Thema auszuwählen, das viel zu umfangreich und schwierig für sie ist. Damit können Sie sich unter Umständen selbst mehr schaden als nutzen. Wählen Sie ein Thema, das Sie auch bearbeiten können. So glänzen Sie am Ende mehr, als wenn Sie zwar extrem viel leisten, Ihre Leistung Ihrem gewählten Thema aber immer noch nicht gerecht wird.

Vorbereitung, der Weg zum Erfolg

Wenn Sie Ihr Thema und Ihre Forschungsfrage gefunden haben, sollten Sie Ihr Vorgehen zur Beantwortung der Forschungsfrage und damit auch zum Erstellen Ihrer Arbeit gut strukturieren und planen. Manche Dozenten fordern von Ihnen, dass Sie ein **Exposé** erstellen, indem Sie Ihre Forschungsfrage erklären, Ihre Hypothesen aufschreiben, den aktuellen Forschungsstand kurz anreißen und einen Zeitplan für Ihre Arbeit erstellen. Aber auch, wenn dies nicht gefordert ist, ist es ratsam, dies für sich selbst zu tun, um später weniger Probleme in der Umsetzung zu haben. In jedem Fall sollten Sie sich eine Gliederung Ihrer Arbeit überlegen, in der Sie sich selbst klar machen, wie Sie Ihren Text aufbauen werden. Wenn Sie eine empirische Arbeit schreiben, können Sie sich am Grundaufbau im Kapitel „Schreibprozess" orientieren. Aber insbesondere dann, wenn Sie eine Literaturarbeit schreiben und die einzelnen Schritte weniger stark aus dem Forschungsprozess an sich resultieren, sollten Sie eine **Gliederung** vornehmen.

Dabei müssen Sie jeden Schritt Ihrer Arbeit auf die Beantwortung Ihrer Forschungsfrage auslegen. Versuchen Sie, keine unnötigen Umwege zu gehen und keine Dinge zu beschreiben, die zwar interessant sind, Ihnen aber nicht bei der Beantwortung Ihrer Frage helfen. Manchmal kann es hilfreich sein, sich bereits vor dem Schreiben der Gliederung in das Thema einzulesen. Dies kann helfen, eine präzisere Gliederung zu erstellen. Manche Menschen erstellen ihre Gliederung erst nach einer langen Recherchephase, andere recherchieren erst hinterher. Versuchen Sie, hier den für Sie richtigen Weg zu finden, und verzweifeln Sie nicht, wenn sich Ihre Gliederung im Laufe Ihrer Arbeit noch einmal etwas verändert.

Struktur und Gliederung sollen Ihnen als Stütze und Orientierung, aber nicht als Zwang dienen.

Gleichzeitig sollten Sie Ihre **Zeit einteilen** und sich fragen, welche Schritte Ihrer Arbeit Sie wann erledigen wollen. Planen Sie dabei auf jeden Fall **Pufferzeiten** ein: Nur selten läuft alles nach Plan!

Ein weiterer wichtiger Punkt in der Vorbereitung Ihrer Arbeit sind die **Formalien**. Informieren Sie sich von Anfang an über die Vorgaben Ihrer Universität bzw. Ihres Institutes. Wenn es keine gibt, klären Sie mit Ihrem Dozenten, ob er besondere Vorlieben hat. Auch bezüglich des Umfanges gibt es meistens Vorgaben in Form von Seiten-, Wort- oder Zeichenanzahl, die Sie in Ihre Planung mit aufnehmen sollten.

Es ist extrem hilfreich, Ihr Dokument in Word, Libre Office oder einem anderen Schreibprogramm von Anfang an zu formatieren. Dazu zählt, dass Sie für verschiedene Textteile **Formatierungsvorlagen** erstellen und diese automatisch mit einer bestimmten Textart, Textgröße, Textausrichtung etc. verknüpfen. Beispielsweise sollten Sie Formatvorlagen für diverse Überschriften, aber auch für den Haupttext einrichten. So können Sie den Text später durch wenige Klicks richtig formatieren. Auch Seitenzahlen, Kopf- und Fußzeile sowie Verzeichnisse sollten Sie vorbereiten. Manuelle Seitenumbrüche helfen, um bestimmte Textabschnitte (zum Beispiel Verzeichnisse und erstes Kapitel), dauerhaft voneinander zu trennen, sodass später keine unschönen Verschiebungen auftreten. Informieren Sie sich von vornherein über diese grundsätzlichen Formatierungen – es wird Ihnen später viel Arbeit ersparen!

Die
Literaturrecherche

Eine gute Literaturrecherche bestimmt in vielerlei Hinsicht den Erfolg Ihrer Arbeit mit. Sie brauchen sie in einer empirischen Arbeit sowohl für Ihren theoretischen Teil, in dem Sie auch den aktuellen Forschungsstand beschreiben, als auch für die Diskussion, bei der Sie Ihre Ergebnisse anhand von bisherigen Erkenntnissen diskutieren. Schreiben Sie eine Literaturarbeit, ist die Literaturrecherche sogar noch wichtiger. So oder so gibt es einiges zu beachten, damit die Recherche nicht zu Frustration führt. Aber Schritt für Schritt.

Wenn Sie mit Ihrer Recherche beginnen, kann es nicht schaden, sich zunächst über einen normalen Internetbrowser einen groben Überblick über das Thema zu verschaffen. Hier können auch Onlinelexika wie Wikipedia helfen. Solche Seiten können Sie zwar später nicht als Quelle verwenden, da der Inhalt nicht geprüft ist und fehlerhaft sein kann, aber Sie können Ihnen helfen, sich in das Thema einzulesen und wichtige Stichworte herauszufiltern, nach denen Sie später weitersuchen können. Manchmal findet man sogar schon in den Quellen von zum Beispiel Wikipedia weitere Quellen, die man später verwenden kann. Hat man sich einen groben Überblick verschafft, beginnt die Suche nach wissenschaftlichen Texten, die Sie tatsächlich als Quellen angeben können.

Dabei gibt es diverse Kanäle, die Sie nutzen können. Zunächst einmal können Sie in der Bibliothek Ihrer Universität nach Literatur suchen. Dies geht meist auch online. Achten Sie hierbei darauf, den VPN-Zugang Ihrer Universität aktiviert zu haben, da Sie ansonsten möglicherweise nur begrenzten

Zugriff erhalten. Oft lässt sich auf einige Literatur auch online zugreifen, während Sie andere ausleihen müssen oder sogar nur vor Ort einlesen können. Möglicherweise sind manche Quellen sogar nur per Fernleihe bestellbar, sodass Sie warten müssen, bis Sie diese ausleihen können. Sollte dies der Fall sein, warten Sie nicht tatenlos, bis Ihre Literatur da ist, sondern recherchieren Sie in dieser Zeit weiter. Nur selten ist eine einzige Quelle wirklich essenziell für Ihre Arbeit. Neben Ihrer eigenen Universität gibt es zusätzlich die Möglichkeit, an anderen Universitäts-bibliotheken zu recherchieren. Unter Umständen müssen Sie hier Ihre Zugangsberechtigung abklären. Nicht zuletzt können je nach Thema auch Landes- und Stadtbibliotheken relevant sein. Auch hier gibt es unter Umständen digitale Zugangsmöglichkeiten.

Die zweite, vermutlich wichtigste Säule Ihrer Recherche ist in jedem Fall das Internet. Hier ist be-sonders Google Scholar zu erwähnen, ein Suchbe-reich, in dem hauptsächlich wissenschaftliche Arti-kel auffindbar sind. Man erreicht ihn, indem man Google Scholar googelt. Möglicherweise gibt es sol-che Angebote auch von anderen Suchmaschinen. Google Scholar ist immens hilfreich, da Sie hier durch Einstellungen auch die Zeitspanne auswählen können, in der die Artikel publiziert wurden. Gerade, wenn Sie neuere Literatur suchen, kann das sehr hilfreich sein. Außerdem können Sie sich hier durch einen Klick auf die Gänsefüßchen die Quellenangaben Ihrer Quelle anzeigen lassen, die Sie für Ihre weitere Recherche nutzen können (siehe Top-Down- und Bottom-Up-Verfahren).

Es kann immer einmal wieder sein, dass man einen Artikel findet, jedoch keinen Zugriff darauf hat. Universitäten haben oft Kooperationen mit bestimmten wissenschaftlichen Zeitschriften. Mit dem VPN der Universität oder per Angabe der Universität online kann so manchmal ein Zugriff erreicht werden. Ein Geheimtipp ist außerdem die Seite www.sci-hub.tw, auf der Sie mithilfe der DOI-Nummer eines Artikels auf den Artikel zugreifen können. Die DOI-Nummer finden Sie meist online unter den Angaben zum Artikel. Suchen Sie vor allem nach Büchern, kann die Seite b-ok.org weiterhelfen. Hier erfolgt die Suche mithilfe von Stichworten oder Titeln. Grundsätzlich sollten Sie darauf achten, sich nicht in der Recherche zu verlieren. Das kann schnell passieren, wenn man jeden Text, den man findet, ausführlich liest, selbst, wenn er für das Thema nur am Rande wichtig ist. Daher sollten Sie sich eine Handvoll „Kernquellen" suchen, die wirklich relevant für Ihr Thema sind und die Sie mithilfe der beiden unten beschriebenen Verfahren zur Suche weiterer Literatur nutzen können. Um zu ermitteln, ob eine Quelle weiterhilft, ist es sinnvoll, sich Einleitung und Fazit durchzulesen, wenn es sich um ein Zeitschriftenartikel handelt. Bei Sammelwerken oder längeren Veröffentlichungen sollte ein Blick in das Inhaltsverzeichnis geworfen werden. Sollte sich herausstellen, dass der Artikel nicht wirklich zum Thema passt, legen Sie ihn schnell zur Seite. Sollten Sie ein paar Kernquellen gefunden haben, gibt es zwei geeignete Verfahren, die Sie für weitere Suchen nutzen können:

DAS TOP-DOWN-VERFAHREN

Bei diesem Verfahren recherchieren Sie quasi in die Vergangenheit. Dazu nutzen Sie das Literaturverzeichnis Ihrer Quelle, um gezielt weitere Quellen zu suchen. Dies kann auch sehr gezielt passieren, wenn Sie die Primärquelle einer speziellen Information suchen. Theoretisch können Sie mit diesem Verfahren jede Information bis zu ihrem Ursprung verfolgen. Der Nachteil der Methode liegt darin, dass man immer weiter in die Vergangenheit recherchiert und die Quellen unter Umständen immer weniger aktuell sind. Dafür ist das Verfahren aber sehr einfach und es kann sowohl bei digitalen als auch bei analogen Quellen genutzt werden.

DAS BOTTOM-UP-VERFAHREN

Beim Bottom-Up-Verfahren recherchiert man, ausgehend von der vorliegenden Quelle, in die Zukunft. Das heißt, man findet weitere Quellen, die die vorliegende Quelle zitiert haben und sozusagen auf ihr aufbauen. Wenn Sie eine Quelle auf Google Scholar finden, ist dies sehr einfach, da Sie einfach auf den Link namens „Cited by" klicken müssen. So werden

Sie zu allen Quellen weitergeleitet, die Ihre Quelle zitiert haben. Vorab sehen Sie an der Zahl neben dem Link, um wie viele Quellen es sich handelt. Häufig zitierte Quellen haben meistens, aber nicht zwingend, eine größere wissenschaftlichere Relevanz als selten zitierte Quellen. Der Nachteil der Methode ist, dass sie nur online funktioniert. Der große Vorteil ist, dass Sie mit jedem Rechercheschritt aktuellere Quellen finden werden.

Der Schreibprozess

Bei dem Verfassen von Bachelorarbeiten werden Sie selten klar abgetrennte Phasen haben. Oft werden Sie während Ihrer Recherche bereits Teile Ihrer Arbeit schreiben. Womöglich merken Sie dabei, an welchen Stellen Sie tiefer recherchieren müssen, sodass Sie zunächst weiter recherchieren und dann wieder schreiben. Es ist sinnvoll, die Arbeit eher mit einer Spirale zu vergleichen, auf der Sie stets eine Ebene tiefer wandern, als sie als geraden Weg zu sehen. Dennoch wird Ihnen im Folgenden, aufbauend auf Ihrer Recherche, eine Möglichkeit gezeigt, wie Sie die verschiedenen Teile

Ihrer Arbeit umsetzen können. Es handelt sich um eine Gliederung einer empirischen Arbeit. Wenn Sie eine Literaturarbeit schreiben, folgen Sie vermutlich einem anderen Schema. Auch, wenn der folgende Teil Sie vom Anfang zum Ende einer Arbeit führt, bedeutet das nicht, dass Sie Ihre Arbeit auch von Anfang bis Ende schreiben müssen. Es ist sehr üblich, verschiedene Puzzlestücke (also Textteile) zu verfassen und diese hinterher zu einem großen Ganzen zusammenzusetzen.

DIE EINLEITUNG – FÜHREN SIE DEN LESER ZUM THEMA HIN

Die Einleitung gehört, neben Diskussion und Fazit, zu den wichtigsten Teilen Ihrer Arbeit. Hier führen Sie den Leser zu Ihrer Forschungsfrage hin, indem Sie die Problemstellung hinter Ihrer Frage erläutern und den Leser auf dem Weg vom Grundproblem hin zur spezifischen Fragestellung begleiten. Anders als im Rest Ihrer Bachelorarbeit kann die Einleitung durchaus auch einen etwas anschaulicheren Charakter haben. Viele Arbeiten bauen hier Zitate, griffige Forschungsergebnisse oder sogar aktuelle

Medienberichte ein, um einen lesenswerten Einstieg in ihre Arbeit zu erschaffen. Neben der Hinleitung zur Fragestellung sollte Ihre Einleitung auch die Diskussion der Relevanz Ihrer Fragestellung enthalten. Hier erläutern Sie, welchen Mehrwert die gewünschten Erkenntnisse Ihrer Arbeit bringen werden, zum Beispiel für die wissenschaftliche Forschung, für gesellschaftliche Entwicklungen oder den medizinischen Fortschritt. Es muss sich hier nicht um eine allgemein gesellschaftlich anerkannte Relevanz handeln, jedoch sollte sie stichhaltig sein.

HYPOTHESEN ENTWICKELN

Aus Ihrer spezifischen Forschungsfrage entwickeln Sie Hypothesen, also Aussagen, von denen Sie vermuten, dass Sie durch Ihre Arbeit bestätigt werden. Sie können diese sowohl in die Einleitung als auch in ein Unterkapitel der Einleitung oder in ein komplett eigenes Kapitel einbauen. Wichtig ist jedoch, dass Sie klare und spezifische Hypothesen aufstellen, auf die Sie später in Ihrer Auswertung Bezug nehmen können, indem Sie sie verifizieren oder falsifizieren. Sie sollten Ihre Hypothesen klar und erkennbar hervorheben. Dies müssen Sie nicht zwingend im Fließtext tun. In vielen Arbeiten findet man die Hypothesen in Form einer Aufzählung, beschriftet mit Ihrer jeweiligen Nummer, in folgendem Format:

H1: Ein erhöhtes Umweltbewusstsein steht im positiven Zusammenhang mit dem weiblichen Geschlecht.

H2: Über 50 % aller Jugendlichen zwischen 10 und 20 Jahren haben Angst vor dem Klimawandel.

H3: ....

Es ist wichtig, bei der Bildung der Hypothesen auf sprachliche Genauigkeit zu achten. Hier sollten Sie im Auge behalten, mit welcher Methode Sie die Hypothese beantworten werden. Wenn Sie beispielsweise eine Korrelation zwischen zwei Phänomenen herausarbeiten wollen, sollten Sie von einem linearen **Zusammenhang** sprechen und Formulierungen wie „führt zu" oder „ist der Grund für" vermeiden. Wollen Sie aber eine Regression zur Beantwortung nutzen, können Sie von einem gerichteten Zusammenhang sprechen. Sie sollten sich hierbei von vornherein klarmachen, was genau Sie herausfinden werden. Worauf können Sie anhand Ihrer Ergebnisse schließen und worauf nicht? Gerade bei

Korrelationen sollten Sie bedenken, dass Sie lediglich lineare Zusammenhänge erforschen, nicht aber Kausalitäten. In diesem Fall sollten auch Ihre Hypothesen nicht von gerichteten kausalen Zusammenhängen sprechen. Ein Beispiel hierfür ist die sogenannte Scheinkorrelation: Mit der Menge an Speiseeis, die konsumiert wird, steigt auch die Zahl der Sonnenbrände. Nun verursachen Sonnenbrände keinen Speiseeiskonsum oder umgekehrt – Speiseeiskonsum verursacht keine Sonnenbrände. Eisverbrauch und Sonnenbrand-Häufigkeit haben dieselbe Ursache, doch sie beeinflussen sich nicht gegenseitig!

Sollten Sie auf Methoden der deskriptiven Statistik zurückgreifen, sollten Sie in Ihren Hypothesen klare und eindeutige Werte nennen, um die Verifizierung oder Falsifizierung der jeweiligen Hypothese zu erleichtern. Betrachten Sie das Beispiel von Verhaltensstörungen bei Jugendlichen. Eine denkbare Hypothese könnte sein, dass unter verhaltensgestörten Jugendlichen mehr als die Hälfte (mehr als 50 %) Männer sind. Mit diesem Wert schaffen Sie Eindeutigkeit bei der Auswertung Ihrer Daten. Dabei hängt natürlich die Genauigkeit einer Hypothese von

Ihrem Anspruch an Präzision bei der Datenauswertung ab. Sollte es Ihnen wie im oben genannten Beispiel reichen, lediglich zu sagen, dass mehr als die Hälfte der von Verhaltensstörungen betroffenen Jugendlichen männlich ist, so kann mit dieser Hypothese keine Aussage über das „wie viel mehr" getroffen werden.

Sollten zum Beispiel 51 % der Betroffenen Männer sein, ist das zwar mehr als die Hälfte, allerdings erfüllt sich eine solche Hypothese durch einen solch niedrigen Schwellenwert auch schneller. Ein Beispiel für eine präzisere Hypothese wäre: 60 % der Jugendlichen, die an Verhaltensstörungen leiden, sind Männer. Eine solche Aussage ist schwieriger, zu belegen, als ein schlichter 50 % Schwellenwert. Der „Anspruch" der Hypothesen bestimmt also auch gewissermaßen darüber, ob eine Hypothese von Daten realistischerweise belegt oder widerlegt wird.

Nun gibt es neben quantitativen Arbeiten auch qualitative Arbeiten, zum Beispiel in Form von Interviewauswertungen und Literaturauswertungen. Bei solchen Arbeiten sind eindeutige Hypothesen manchmal schwieriger aufzustellen und es ist schwieriger, zu bewerten, ob eine Hypothese belegt oder widerlegt wurde. Ein Beispiel hierfür wäre die Einordnung eines Sprachstils von Donald Trump. Hierfür müsste man sich vorab überlegen, welche politischen Sprachstile und Rhetorikmöglichkeiten es gibt und welche Kriterien sie erfüllen.

Eine Hypothese könnte lauten, dass sich der Sprachstil Donald Trumps als populistisch einordnen lässt. Hierfür müssten aus der Literatur Kriterien herausgesucht werden, die eine Einordnung in diese Art des Sprachstils begründen (dies würde im Theorieteil erfolgen). Natürlich ist es in manchen Fällen nicht immer eindeutig, ob sich ein Wort, ein Satz oder eine rhetorische Figur nun so oder doch anders einordnen lässt. Deswegen kommt es in solchen uneindeutigen Fällen in qualitativen Arbeiten darauf an, gut zu argumentieren, warum man sich für die gewählte Option entschieden hat.

DER THEORIETEIL – AUF WELCHEN ERKENNTNISSEN BAUT IHRE ARBEIT AUF?

In Anschluss an Ihre Einleitung und die Hypothesen folgt Ihr Theorieteil, indem Sie den bisherigen Forschungsstand zu Ihrer Fragestellung darstellen und dem Leser die notwendigen Hintergrundinformationen geben, die er braucht, um Ihre Arbeit zu verstehen und bewerten zu können. Dies ist in einer empirischen Arbeit klassischerweise der Teil, in dem Sie hauptsächlich Ihre recherchierte Literatur zitieren. Ihre Arbeit besteht also darin, sich einen Überblick über die Literatur zu Ihrem Thema zu verschaffen, verschiedene Quellen miteinander zu vergleichen und die für Sie wichtige Essenz herauszuarbeiten. Im Gegensatz zu einer Literaturarbeit besteht der Vorteil einer empirischen Arbeit darin, dass Sie nicht zwingend

ALLE Quellen zu Ihrem Thema einsehen müssen, solange Sie alle Informationen und Hintergründe erläutern, die zum Verständnis Ihrer Arbeit wichtig sind. Sollten Sie eine oder mehrere Quellen gefunden haben, von denen Sie denken, dass sie Ihre

Theorie gut darstellen, können Sie sogar dessen Grundstruktur übernehmen, da die wichtigen Informationen durch Quellenangaben belegt sind. So schreiben Sie den Text im Prinzip nur um und profitieren von der Recherche- und Textarbeit, die der Autor des Textes bereits erbracht hat. Solange Sie den Text dabei neu formulieren und darauf achten, die Informationen und Erkenntnisse mit den Quellenangaben zu verknüpfen, stellt dies eine legale Möglichkeit dar, Ihren Theorieteil schneller zu bewältigen. Grundsätzlich sollten Sie darauf achten, in Ihrem Theorieteil in Hinblick auf Ihre Fragestellung zu arbeiten und den Text nicht mit zu vielen Details zu überfrachten.

Richtiges Zitieren

Wenn Sie Informationen, Erkenntnisse oder Formulierungen nutzen, die nicht von Ihnen stammen, müssen Sie dies in Ihrem Text kenntlich machen. Generell sollten Sie sich über die gängigen Zitationsweisen und formalen Vorgaben Ihrer Universität bzw. den Vorstellungen Ihres Dozenten informieren, bevor Sie Ihre Arbeit verfassen, da es grundsätzlich verschiedene Möglichkeiten des Zitierens gibt. Die hier vorgestellten Zitationsweisen sind zwar gängig, bieten aber nur Möglichkeiten, die von den Vorgaben Ihres Institutes abweichen können. Sie können indirekt oder direkt zitieren. Die indirekten Zitate machen meist den Großteil der Zitate einer Arbeit aus und beschränken sich darauf, im Text einen Quellenverweis einzubauen, anhand dessen sich die komplette Quelle im Quellenverzeichnis wiederfinden lässt. Eine gängige Form indirekter Zitate ist die Angabe von Autor und Erscheinungsjahr der Quelle in einer Klammer hinter der eingebauten Information im Text. Dies könnte zum Beispiel so aussehen:

„In einer Studie aus dem Jahr 2010 zum Thema Umweltbewusstsein konnte ein Zusammenhang zwischen einer erhöhten Problemwahrnehmung von umweltrelevanten Problemen und dem weiblichen Geschlecht festgestellt werden (Faber 2010)."

Eine weitere Möglichkeit wäre die Angabe ohne das Jahr. Dies kann allerdings problematisch sein, wenn Sie in Ihrer Arbeit mehrere Quellen von einem Autor verwenden. Dies können Sie beheben, indem Sie die Quellen mit Großbuchstaben versehen und in Ihrem Quellenverzeichnis die Quellen ebenfalls mit Großbuchstaben kennzeichnen. Allerdings sollten Sie Ihre Zitierweise einheitlich gestalten. Nutzen Sie

entweder die Jahreszahlen oder die Großbuchstaben. Autoren, von denen Sie nur eine einzige Quelle
zitieren, brauchen Sie logischerweise nicht mit
Großbuchstaben zu versehen. Die Zitationsweise
mit Großbuchstaben könnte im Text wie folgt aussehen:

*„In einer Studie aus dem Jahr 2010 zum Thema
Umweltbewusstsein konnte ein Zusammenhang zwischen einer erhöhten Problemwahrnehmung von umweltrelevanten Problemen und dem weiblichen Geschlecht festgestellt werden (Faber A)."*

Häufig werden Sie Aussagen in Ihrer Arbeit aufstellen, die von einer Vielzahl an Quellen belegt werden können. In diesem Fall müssen Sie NICHT alle
Quellen, die Sie irgendwo finden können, zitieren,
sondern Sie können eine Auswahl treffen. Allerdings
ist es durchaus zu empfehlen, bei sehr allgemeinen
Aussagen mehrere Quellen anzugeben, um die Seri-
osität der Aussage zu stützen. Sie können die verschiedenen Quellenangaben im Text einfach durch
ein Semikolon trennen. Dies könnte zum Beispiel so
aussehen:

*„In einer Studie aus dem Jahr 2010 zum Thema
Umweltbewusstsein konnte ein Zusammenhang*

zwischen einer erhöhten Problemwahrnehmung von umweltrelevanten Problemen und dem weiblichen Geschlecht festgestellt werden (Faber 2010, Schmidt 2013, Gärtner 2009)."

Wenn Sie kürzere Quellen, zum Beispiel Zeitschriftenartikel mit einem Umfang von wenigen Seiten, zitieren, müssen Sie keine Seitenangaben machen. Sollten Sie aus größeren Veröffentlichungen oder Sammelwerken zitieren, ist es durchaus sinnvoll, Seitenangaben einzubauen. Diese können Sie zum Beispiel mit einem Doppelpunkt hinter den Autor setzen.

(Blasius 2009: 33- 35; Wähler: 2; IPCC 2015: 55 ff.)

Wie im obenstehenden Beispiel ersichtlich, können sowohl einzelne Seiten als auch mehrere Seiten sowie Seiten mit dem Verweis auf folgende Seiten (ff.) oder nur die nächste folgende Seite (f.) angegeben werden.

Direkte Zitate beinhalten eine genaue Formulierung, die Sie aus einer anderen Quelle übernommen haben. In diesem Fall verfahren Sie wie bei indirekten Zitaten, allerdings setzen Sie die übernommene

Formulierung in Gänsefüßchen. Dies sähe zum Beispiel so aus:

„Der derzeitig zu beobachtende Klimawandel übersteigt alle bisher erlebten Umweltprobleme sowohl im Ausmaß seiner Folgen als auch in seiner Komplexität in erheblichem Maße" (Fonseca 2020).

DIE METHODIK – WIE BEANTWORTEN SIE IHRE FORSCHUNGSFRAGE?

Wie bereits im Unterkapitel „Hypothesen" angedeutet wurde, ist es sehr wichtig, sich zu überlegen, mit welchen Methoden man seine Forschungsfrage bzw. die daraus abgeleiteten Hypothesen beantworten möchte. Grundsätzlich sollten Sie sich schon vor Beginn Ihrer Arbeit darüber im Klaren sein, welche Methodik Sie verwenden. Im Methodenteil Ihrer Arbeit erklären Sie dem Leser, wie Sie „geforscht" haben, also mit welchen Mitteln Sie zu Ihren Ergebnissen gekommen sind. Wenn Sie eine empirische Arbeit schreiben, bei der Sie selbst Daten erheben werden, sollten Sie sowohl auf die Methodik der **Datenerhebung** als auch auf die der **Datenauswertung** eingehen. Methoden der Datenerhebung sind beispielsweise Interviews oder Umfragen. Die Datenauswertung kann in der quantitativen Forschung mithilfe von deskriptiven statistischen Verfahren (zum Beispiel Mittelwerte) oder anhand von induktiven statistischen Verfahren (zum Beispiel Korrelationen und Regressionen) erfolgen. In der qualitativen Forschung erfolgt die Datenauswertung oft mit hermeneutischen, interpretativen Methoden.

Wenn Sie eine Literaturarbeit schreiben, werden Sie wohl keine Methoden der Datenerhebung und Datenauswertung nutzen. Dennoch sollten Sie auch hier Ihr Vorgehen erklären und Ihre Methoden beschreiben.

DIE OPERATIONALISIERUNG –
ERKLÄREN SIE IHREN
WERKZEUGKASTEN

Die Operationalisierung ist im Endeffekt ein spezieller Teil der Methodik. Hier geht es darum, bestimmte Begriffe, die Sie in Ihrer Methodik verwenden (zum Beispiel Variablen, aber auch Begriffe für Analysen etc.), genau zu definieren, damit sie für den Leser eindeutig nachvollziehbar werden und man Ihre Arbeit theoretisch mit genau den gleichen Methoden woanders durchführen könnte.

DIE AUSWERTUNG – WAS HABEN
SIE HERAUSGEFUNDEN?

In der Auswertung kommen Sie endlich zu Ihren Ergebnissen. Hier stellen Sie dem Leser dar, was Sie mithilfe Ihrer Methoden herausgefunden haben. Wichtig ist, dass Sie hier zunächst keine Erklärungen oder Interpretationen vornehmen, dies kommt später, sondern sehr objektiv und sachlich die Ergebnisse darstellen. Wenn Sie quantitativ arbeiten, eignen sich oft auch Tabellen zur besseren Ansicht Ihrer Ergebnisse. Beachten Sie aber, dass Sie NICHT

ALLE Ergebnisse darstellen müssen (aber theoretisch können). Wählen Sie solche Ergebnisse, die sich auf Ihre Fragestellung beziehen bzw. Ihre Hypothesen beantworten. In diesem Teil können Sie diese falsifizieren oder verifizieren. Zusätzlich können Sie interessante Ergebnisse darstellen, die Sie in der Diskussion später aufgreifen wollen. Es ist möglich, die Ergebnisse in hypothesenbasierte und explorative Ergebnisse aufzuteilen und im explorativen Teil auf solche Ergebnisse einzugehen, nach denen Sie nicht von vornherein in den Hypothesen gefragt haben. Es reicht jedoch auch völlig aus, stringent die Hypothesen abzuarbeiten. Verfallen Sie nicht der Versuchung, alles auszuwerten, was irgendwie möglich ist, da Sie sonst Ihre Auswertung überfrachten und von den wesentlichen Ergebnissen und Ihrem roten Faden abkommen.

DIE DISKUSSION – DAS KERNSTÜCK IHRER ARBEIT

Nun kommen wir zum interessantesten Teil Ihrer Bachelorarbeit: die Diskussion. Das ist der Teil, der auch für die spätere Bewertung Ihrer Arbeit von Bedeutung sein wird, da Sie hier beweisen, wie gut Sie Ihre eigene Arbeit verstehen, ob Sie Ihre eigenen Fehler reflektiert haben und ob Sie Ihre Ergebnisse gut erklären können. Sie gehen hier auf die interessanten Ergebnisse Ihrer Arbeit ein und versuchen, diese mithilfe von zusätzlicher Literatur zu erklären und zu diskutieren.

Hier können Sie Ihre Kreativität auch durchaus mit einfließen lassen. Achten Sie jedoch auch hier darauf, nicht auf ALLE Ergebnisse einzugehen. Stadtessen sollten Sie natürlich einerseits auf Ihre Einleitung Bezug nehmen und die Beantwortung Ihrer Forschungsfrage diskutieren, zum anderen greifen Sie sich die Ihnen besonders erwähnenswerten Ergebnisse heraus und diskutieren diese. Zusätzlich zu Ihren inhaltlichen Diskussionen können und sollten Sie auch Ihre Methodik diskutieren, insbesondere dann, wenn sich im Verlauf Ihrer Arbeit herausstellt, dass Sie Dinge hätten anders angehen sollen und möglicherweise falsche Entscheidungen getroffen haben. Dies könnte sich zum Beispiel auf den Aufbau Ihres Fragebogens beziehen oder auf Ihre statistischen Rechnungen. Indem Sie auf Ihre Fehler aufmerksam machen, beweisen Sie einerseits, dass Ihnen diese aufgefallen sind, andererseits können Sie für folgende Forschungen direkt Verbesserungsvorschläge machen.

DAS FAZIT – KURZÜBERSICHT IHRER ARBEIT

Nun sind Sie fast schon am Ziel Ihrer Arbeit angelangt. Zum Abschluss Ihrer Arbeit fassen Sie nun noch einmal kurz Ihre Arbeit zusammen. Ziel ist es, zunächst noch einmal einen Rückbezug auf die Einleitung herzustellen und dem Leser die Fragestellung noch einmal in Erinnerung zu rufen. In wenigen Sätzen können Sie darauf eingehen, mit welcher Methode Sie diese Forschungsfrage angegangen sind. Danach folgt eine kurze, stichhaltige Zusammenfassung der wichtigsten Ergebnisse sowie der relevanten Punkte Ihrer Diskussion. Führen Sie sich vor

Augen, dass viele Leser von wissenschaftlichen Texten sich zunächst das Fazit durchlesen, um einzuschätzen, worum es in der Arbeit geht und welche Ergebnisse erzielt wurden. Fassen Sie das zusammen, was Sie gerne über Ihre Arbeit wissen würden, wenn Sie Ihre Arbeit noch nicht kennen würden. Ein weiterer wichtiger Teil des Fazits ist der Ausblick auf zukünftige Forschungsarbeiten. Ausgehend von möglichen Fehlern, die Ihnen passiert sind, oder Fragestellungen, die während Ihrer Arbeit aufgetreten sind, geben Sie in gewisser Weise Empfehlungen ab, wie zukünftige Forschungsprojekte das von Ihnen bearbeitete Themenfeld weiter erforschen können.

Vielleicht haben Sie Ergebnisse, die neue Fragen aufwerfen, für die in Ihrer Arbeit aber kein Raum war. Diese Fragen würden dann Potenzial für nachfolgende Arbeiten bieten. Versuchen Sie, Ihr Fazit nicht zu lang zu gestalten und nicht noch einmal alle bisherigen Kapitel zu wiederholen, sondern eine knappe, kondensierte Form wiederzugeben.

Was jetzt noch zu tun ist

Neben dem eigentlichen Schreiben des Textteils Ihrer Arbeit fallen bei Bachelorarbeiten zusätzlich viele Dinge an, mit denen Sie sich auseinandersetzen müssen. Dazu zählt primär die Formatierung Ihres Textes, die Sie jedoch bestenfalls schon zu Anfang eingeleitet hatten. In diesem Kapitel werden daher die „Reste" erläutert, die Sie bei bisher optimaler Formatierung noch zu tun haben.

VERZEICHNISSE RICHTIG ERSTELLEN

Professionelle Verzeichnisse gehören zu einer guten Bachelorarbeit dazu. Daher folgen nun einige Tipps zur Formatierung und zu den Inhalten der wichtigsten Verzeichnisse.

Inhaltsverzeichnis

Im Inhaltsverzeichnis geben Sie die Gliederung Ihrer Arbeit an. Es folgt meist direkt hinter dem Titelblatt oder hinter der eidesstattlichen Erklärung, falls diese an den Anfang der Arbeit gesetzt wird. Es ist dringend zu empfehlen, das Inhaltsverzeichnis automatisch zu erstellen. Hierzu müssen die Überschriften Ihrer Kapitel aber mit Formatvorlagen verknüpft sein. Diese können Sie entweder selbst formatieren oder Sie nutzen die bereits vorhandenen Formatvorlagen. Nennen Sie Ihre Formatvorlagen am besten so, wie Sie sie später nutzen werden. Die Formatvorlage, die Sie für die oberste Überschrifthierarchie nutzen wollen, nennen Sie zum Beispiel „Überschrift 1". Dies führen Sie so oft fort, bis Sie denken, genügend Überschriftebenen zu haben. Es ist ohnehin nicht ratsam, mehr als vier Ebenen einzustellen, da es schöner wirkt, ein neues Kapitel aufzunehmen, als das Unterkapitel des Unterkapitels zu eröffnen. Wenn Sie nun neue Überschriften in Ihren Text einfügen, markieren Sie diese und wählen die entsprechende Formatvorlage. Wenn Sie Ihr Inhaltsverzeichnis einfügen möchten, klicken Sie auf der entsprechenden Seite rechts und wählen „Inhaltsverzeichnis einfügen".

Nun wird Ihnen Ihr Schreibprogramm (zum Beispiel Word oder Libre Office) automatisch ein Inhaltsverzeichnis erstellen. Dieses können Sie über einen Rechtsklick und die Auswahl „Verzeichnis aktualisieren" jederzeit auf den neusten Stand bringen. In Verbindung mit dem Inhaltsverzeichnis sollten Sie auch über Seitenzahlen nachdenken. Haben Sie solche eingefügt, werden diese im Inhaltsverzeichnis mit angezeigt. Manchmal möchte man seine Seitenzahlen erst ab einer bestimmten Seite beginnen lassen. Dies funktioniert in verschiedenen Programmen unterschiedlich, lässt sich aber schnell mit einer kurzen Internetrecherche herausfinden.

Quellenverzeichnis

Das zweite sehr wichtige Verzeichnis, das Sie brauchen, ist das Quellenverzeichnis. Hier werden alle Quellen, die Sie in Ihrem Text zitiert haben, aufgeführt. Um später ein gutes Quellenverzeichnis stressfrei erstellen zu können, sollten Sie sich für JEDE Quelle, die Sie nutzen, eine Notiz machen. Sie müssen nicht direkt die ganze Quelle ins Verzeichnis schreiben, können Sie aber. Es kostet Sie am Ende unfassbar viel Zeit, wenn Sie noch einmal nach den Quellen suchen müssen, die Sie bereits in Ihre Arbeit eingebaut haben. Besonders ärgerlich wird es dann, wenn Sie diese nicht mehr wiederfinden und neue Quellen suchen müssen.

Die Aufführung im Verzeichnis erfolgt typischerweise alphabetisch. Es gibt viele Möglichkeiten, Quellen aufzuführen. Häufig haben einzelne Institute oder Dozenten besondere Vorstellungen davon, wie die Quellen dargestellt werden sollen. Fragen Sie also in jedem Fall im Vorfeld nach. Wenn es keine spezifischen Vorschriften gibt, können Sie sich an den gängigen Zitierregeln orientieren oder diese auch in einem eigenen Stil leicht abändern. Wichtig ist hier auf jeden Fall, dass Sie in Ihrer Zitierweise stringent sind und alle wichtigen bibliografischen Angaben aufzeigen. Beachten Sie, dass diverse Arten von Quellen (Monografien, Zeitschriftenaufsätze, Sammelwerke usw.) möglicherweise unterschiedlich zitiert werden. Unten finden Sie eine mögliche Zitierweise. In manchen Arbeiten werden digitale und analoge Quellen voneinander getrennt aufgeführt. Es ist aber genauso möglich, alle Quellen gemeinsam aufzuführen.

Unter Umständen ist Letzteres sogar einfacher, insbesondere dann, wenn Sie Quellen online gefunden haben, die es aber auch analog gibt. In diesem Fall müssen Sie in Ihrer Quellenangabe auch nicht zwingend den Link als URL angeben, sondern können einfach so tun, als hätten Sie die Quelle vor sich liegen gehabt. Bei digitalen Quellen, die es nur online gibt, ist es sehr wichtig, das Datum der letzten Einsicht hinzuzufügen, falls die zugrunde liegende Website bereits gelöscht ist, wenn jemand die Quelle einsehen möchte. Viele Studenten bearbeiten Ihr Quellenverzeichnis nicht manuell, sondern benutzen hierfür spezielle Programme wie Endnote. Oft ist es gängig, den Autor oder das herausgebende Institut der Quellenangabe in Kapitälchen zu schreiben.

Ist dies nicht vorgegeben, können Sie es alternativ auch fett markieren, was weniger Aufwand und optisch sehr ansprechend ist. Sollten Sie den Namen des Autors im Quellenverzeichnis in Kapitälchen setzen, sollten Sie dies möglicherweise auch im Textteil tun. Solche Detailfragen können Sie natürlich auch mit Ihrem Betreuer absprechen oder, falls es ihm egal ist, selbst entscheiden. Im Folgenden sind Beispiele aufgeführt, die zeigen, wie verschiedene Arten von Quellen dargestellt werden könnten:

Monografien:
Autor/en (Jahr ^{Auflage}): Haupttitel. Untertitel. Bandangabe. (Verlag) Erscheinungsort.

Herausgegebene Veröffentlichungen:
Herausgeber (Hrsg.) (Jahr^{Auflage}): Haupttitel. Untertitel. Bandangabe. (Verlag) Erscheinungsort.

Aufsätze aus Sammelwerken:
Autor/en (Jahr^{Auflage}): Haupttitel des Artikels. Untertitel. In: **Herausgeber** (Hrsg.): Titel des Sammelwerkes. (Verlag) Erscheinungsort. Seitenzahlen.

Zeitschriftenaufsätze:

Autor/en (Jahr): Haupttitel. Untertitel. In: Name der Zeitschrift Jahrgang/ Band, Heft. Seitenzahlen.

Schriftenreihe (in Form von Monografien):
Autor/en (Jahreszahl): Titel. Schriftenreihe Nummer. (Verlag) Erscheinungsort.

Schriftenreihe (in Sammelbänden):
Autor/en (Jahr): Titel des Beitrages. In: Herausgeber (Hrsg.): Titel des Sammelbandes. Nummer. Erscheinungsort. Seitenzahlen.

Tabellenverzeichnis

Sollten Sie in Ihrer Arbeit viele Tabellen verwenden, macht es Sinn, ein Tabellenverzeichnis anzulegen. Dies folgt in Ihrer Arbeit normalerweise hinter dem Quellenverzeichnis vor oder hinter dem Abbildungsverzeichnis. Genau wie das Inhaltsverzeichnis lässt sich das Tabellenverzeichnis automatisch erstellen. Wichtig hierfür ist, dass Sie die Tabellen in Ihrer Arbeit beschriften, und zwar über den Rechtsklick und die Auswahl „Beschriften". Dabei können Sie angeben, ob Sie gerade eine Tabelle oder eine Abbildung beschriften. Hier sollten Sie selbstverständlich „Tabelle" auswählen. Erstellen Sie nun Ihr automatisches Inhaltsverzeichnis, so werden alle beschrifteten Tabellen darin aufgenommen. Wichtig bei den Tabellenbeschriftungen ist, dass Sie stets oberhalb der Tabelle stehen sollten anstatt unterhalb, wie es für Abbildungen typisch ist.

Abbildungsverzeichnis
Genau wie das Tabellenverzeichnis steht auch das Abbildungsverzeichnis hinter dem Quellenverzeichnis. Es lässt sich ebenfalls automatisch erstellen, sofern die Abbildungen nicht nur manuell beschriftet wurden. Eine automatische Beschriftung der Abbildungen ist in längeren Arbeiten ohnehin mehr oder weniger unabdingbar, da man ansonsten alle Abbildungen neu beschriften müsste, sobald man eine in der Mitte hinzufügt. Bei automatischen Beschriftungen gleichen sich die Nummerierungen der Abbildungen automatisch an. Sie erstellen die Beschriftungen in den meisten Programmen durch einen Rechtsklick auf die Abbildungen. Das Verzeichnis lässt sich durch einen Rechtsklick auf der entsprechenden Seite unter der Auswahl Verzeichnis – Abbildungsverzeichnis erstellen.

WAS GEHÖRT IN DEN ANHANG?

Nach den Verzeichnissen folgt der Anhang. Dieser enthält typischerweise alles, was Sie für Ihre Arbeit brauchen, was jedoch innerhalb des Textteiles zu Unübersichtlichkeit führen würde. Dabei könnte es sich zum Beispiel um Ihren Umfragebogen handeln oder um Ergebnistabellen, die zu lang sind, um sie im Text unterzubringen. Zusätzlich wird hier meist die eidesstattliche Erklärung platziert. Diese gibt es oft als Vordruck auf der Seite Ihres Institutes oder Ihrer Universität.

Ein Problem, das an dieser Stelle häufig auftritt, ist die Frage, wie man die manuelle Unterschrift in das digitale Dokument einfügen kann. Hier gibt es viele Wege. Ein einfacher, wenn auch nicht besonders eleganter Weg ist es, mit dem Handy ein Foto der eigenen Unterschrift zu machen und das Bild an der richtigen Stelle im Dokument einzufügen und zuzuschneiden. Alternativ kann man die eidesstattliche Erklärung ausdrucken, unterschreiben und die gesamte Seite einscannen.

VIER AUGEN SEHEN MEHR ALS ZWEI – MEHRMALIGES KORREKTURLESEN

Bevor Sie Ihre Arbeit abgeben, ist es sehr wichtig, diese MEHRMALS Korrektur zu lesen. Meist fehlt einem nach dem langen Arbeitsprozess einer Bachelorarbeit die Motivation dazu, jedoch sollten Sie sich an dieser Stelle durchbeißen und sich die Zeit dafür nehmen, da die Äußerlichkeiten, darunter auch Rechtschreibung und Zeichensetzung, für den Gesamteindruck Ihrer Arbeit eine große Rolle spielen. Nachdem Sie selbst Korrektur gelesen haben, sollten Sie dabei definitiv auch Freunde, Familie oder Kommilitonen zurate ziehen, da diese den Text nicht wie Sie schon oft gelesen haben und somit noch einmal andere Fehler finden. Das kann nicht nur für Rechtschreibkorrekturen sinnvoll sein, sondern auch, um inhaltliche Fehler oder Ungereimtheiten festzustellen.

RUHE BEWAHREN - PSYCHISCHER STRESS WÄHREND DER BACHELORARBEIT

Viele Studenten haben vor dem Schreiben ihrer Bachelorarbeit große Angst, haben Stress während des Schreibens oder Zweifeln gar an ihrem ganzen Studium. Damit das nicht passiert, sollte man während der Bachelorarbeitszeit auf sein psychisches Wohlbefinden achten. Hier ein paar Tipps, wie das bei Ihnen funktionieren könnte.

1. Betrachten Sie die Bachelorarbeit als normale Prüfungsleistung!

Viele Studenten lassen die Bachelorarbeit in ihrem Kopf viel zu groß werden. Sie erscheint ihnen dann als unbezwingbare Aufgabe, als riesiger unbezwingbarer Berg Arbeit. Dabei gibt die Bachelorarbeit an vielen Universitäten nicht viel mehr Leistungspunkte als eine umfangreiche Klausur oder ein Seminar. Sieht man die Bachelorarbeit einfach als eine etwas längere Hausarbeit, die eben Teil des Studiums ist, wie viele andere Arbeiten und Klausuren auch, verliert sie an Gewicht und an Sonderstellung.

2. Nehmen Sie Druck heraus! Sie müssen nicht perfekt sein!

Wenn Sie nicht grade den perfekten Schnitt für Ihr Masterstudium brauchen, ist es nicht so wichtig, ob Sie in Ihrer Bachelorarbeit Höchstleistungen erbringen. Gerade dann, wenn Sie vorher noch nicht viele wissenschaftliche Texte geschrieben haben, ist es zunächst erst einmal eine Leistung, die Bachelorarbeit überhaupt zu schreiben. Häufig fällt das Schreiben viel leichter, wenn man nicht erwartet, dass die Arbeit besonders gut wird.

3. Stress verhindern durch gutes Zeitmanagement!

Es wurde bereits weiter oben im Text erwähnt: Es ist ratsam, einen groben Zeitplan für die unterschiedlichen Schritte Ihrer Arbeit festzulegen und genügend Zeitpuffer einzuplanen. Um Ihnen eine Idee davon zu geben, wie solch ein Zeitplan grob aussehen könnte, haben wir Ihnen einen beispielhaften dreimonatigen Plan erstellt (siehe unten). Seien Sie bei Ihrer Zeitplanung realistisch und großzügig. Neben einem groben Plan für Ihren gesamten Arbeitszeitraum sollten Sie auch Ihre einzelnen Wochen planen und festlegen, zu welchen Zeiten Sie arbeiten wollen.

Wenn Sie bemerken, dass die Zeit knapp werden könnte, sagen Sie lieber ein paar andere Veranstaltungen ab. Unter Umständen kann man zu Anfang der Bachelorarbeitsphase noch nicht genau einschätzen, wie lange man für bestimmte Dinge braucht. Hier kann es helfen, sich ein bestimmtes Stundenpensum am Tag festzulegen. Später kann man dann ergebnisorientiert planen.

4. Scheuen Sie nicht davor zurück, sich Hilfe zu holen!

Hier ist keine psychologische Hilfe gemeint, auch wenn diese natürlich auch vollkommen legitim wäre, sondern Hilfe bei der Bachelorarbeit. Das bedeutet nicht, dass Sie Ihre Bachelorarbeit nicht selbst verfassen sollten! Aber es ist keine Schande, sich für die unterschiedlichsten Bereiche Hilfe zu holen, anstatt sich selbst ewig an Fragen oder Blockaden aufzuhalten. Es ist wichtig, sich vor Augen zu führen, dass jeder die Dinge, die er kann, irgendwann erlernt hat. Die meisten Leute hatten dabei Hilfe, vermutlich mehr, als Sie denken. Machen Sie sich also das Wissen und Können anderer zunutze. Zu diesem Punkt zählt auch, keine Scheu vor dem eigenen Betreuer zu haben und ihn viel zu fragen. Leider kursiert in Schulen und Universitäten immer noch die negative Stigmatisierung von simplen Fragen. Aber jemand, der eine Frage stellt, und sei sie auch noch so simpel, offenbart lediglich, dass ihm in einem gewissen Bereich noch Wissen oder Erfahrung fehlt. Dafür sollte sich niemand schämen müssen! Manche Universitäten bieten sogar Schreibwerkstätten oder andere Hilfsmöglichkeiten an, die wahrgenommen werden können. Informieren Sie sich, ob es in Ihrer Nähe eine solche Unterstützungsmöglichkeit gibt, wenn Sie Hilfe brauchen.

5. Sorgen Sie für ausreichend Entspannung!

Ja, werden Sie denken, das hört man ja immer. Das stimmt zwar, hat aber einen simplen Grund: Es ist tatsächlich wichtig. Gerade in stressigen Phasen sollten Sie nicht von sich erwarten, dass Sie durcharbeiten, bis das Ganze vorbei ist. Es mag einige wenige Menschen geben, bei denen eine solche Sprinttaktik funktioniert. Solche Menschen schreiben Ihre Bachelorarbeit dann vermutlich in einer Woche, in der sie nichts anderes mehr tun. Die meisten Menschen können allerdings besser arbeiten, wenn sie die

Arbeit in ihren Alltag integrieren und zwischendurch Entspannung in Form von Sport, sozialen Kontakten oder auch Entspannungsübungen finden. Zu diesem Punkt zählt auch, zu lernen, den Punkt zu erkennen, an dem das Weiterarbeiten nicht mehr so effektiv ist. An diesem Punkt ist es häufig sinnvoller, eine Pause zu machen und später frisch weiter zu arbeiten, anstatt weitere Stunden unproduktiv vor dem Laptop zu sitzen. Bedenken Sie, dass Sie keine Maschine sind und es auch nicht sein müssen.

6. Vermeiden Sie Prokrastination!

Ein großes Hindernis für eine erfolgreiche Bachelorarbeit ist das unter Studenten sehr bekannte Phänomen der Prokrastination. Um das große Aufschieben einzudämmen, gibt es einige Tipps. Zunächst sollten Sie sich allerdings fragen, warum Sie prokrastinieren. Häufig stecken tiefere Gründe hinter zu viel Aufschieben, zum Beispiel die Angst, zu versagen, oder das Gefühl von Überforderung. Wenn Sie einmal den Grund Ihrer Prokrastination entdeckt haben, können Sie gezielte Strategien entwickeln, um dagegen anzugehen. Ist beispielsweise die Überforderung Ihr Problem, kann es helfen, sich gezielt kleine Schritte aufzuschreiben, die schaffbar erscheinen und Ihre nächsten Miniziele sein werden. Alternativ könnten Sie sich ganz konkrete Schwierigkeiten und Fragen notieren, mit denen Sie dann später an Ihren Dozenten oder eine andere Person, die Ihnen helfen könnte, herantreten. Führen Sie sich immer zunächst nur Ihre nächsten Schritte vor Augen.

Was müssen Sie wissen oder herausfinden, um weiterarbeiten zu können? Wenn man das große Problem in viele kleine Teilprobleme aufteilt und diese Schritt für Schritt löst, wirkt dies weniger beängstigend auf das Gehirn, als wenn Sie einfach nur denken, „Ich komme nicht weiter". Neben der Suche nach der Ursache der Prokrastination gibt es auch einige „technische" Tipps, die Ihnen helfen könnten. Dazu zählen Routinen, die Sie aufbauen können, indem Sie zum Beispiel stets am gleichen Ort und zur gleichen Zeit arbeiten. Zusätzlich können Sie sich verbindliche Ziele schriftlich notieren und deren Erreichen überprüfen. Machen Sie das Arbeiten nicht zu einer Tätigkeit niedriger Priorität, die Sie nur dann ausüben, wenn alles andere erledigt ist, sondern planen Sie die anderen Tätigkeiten und Aktivitäten um Ihre Arbeit herum.

7. Selbstzweifel besiegen

Als Student an einer Universität voller Dozenten, Professoren und überdurchschnittlichen Kommilitonen kommt nicht selten der Gedanke auf, man selbst sei einfach weniger intelligent, weniger talentiert und generell weniger professionell als die Menschen um einen herum. Gerade bei großen Herausforderungen wie der Bachelorarbeit passiert es allzu schnell, dass sich lähmende Gedanken wie „Ich kann das nicht" „Ich werde das niemals schaffen" oder „Vielleicht suche ich mir lieber etwas Einfacheres" festsetzen und unseren Erfolg sabotieren. Wenn Sie solche Gedanken bei sich feststellen, können Sie zunächst einmal beruhigt sein, denn Sie sind damit kein Einzelfall.

Da die Menschen allerdings eher mit ihren Erfolgen hausieren gehen als mit ihren Selbstzweifeln und schwierigen Phasen, bekommen Sie davon möglicherweise wenig mit. Unterhalten Sie sich allerdings eingehender mit Ihren Mitmenschen, werden Sie feststellen, dass solche Gedanken und Gefühle sehr weit verbreitet sind. Selbst Ihr selbstgefälliger arroganter Professor wusste irgendwann einmal nicht, wie man eine Bachelorarbeit gliedert. Viele Menschen, die an sich selbst zweifeln, überschätzen die Menschen in ihrer Umgebung drastisch. Machen Sie sich daher stets bewusst, dass alle nur mit Wasser kochen, so banal das auch klingen mag. Es ist äußerst unwahrscheinlich, dass all die Menschen, die bisher eine Bachelorarbeit geschrieben haben, sehr viel intelligenter sind als Sie. Wieso sollten Sie es also nicht schaffen? Vielleicht ist es ihnen leichter gefallen, weil sie mehr Hilfe hatten, ein leichteres Thema bearbeiteten oder besser tricksen konnten. Aber wie dem auch sei, sollten Sie sich selbst davon überzeugen, dass es sich bei der Bachelorarbeit um eine schaffbare Aufgabe handelt, in die Sie hereinwachsen können.

8. Den Erfolg visualisieren

In Anknüpfung an den vorherigen Tipp „Selbstzweifel besiegen" können Sie das Werkzeug der Visualisierung nutzen, um Ihr Gehirn auf Ihren Erfolg einzustimmen. Nehmen Sie sich dafür täglich 15 Minuten Zeit, in denen Sie zur Ruhe kommen, eine entspannte Position einnehmen und die Augen schließen. Stellen Sie sich nun ganz detailliert vor, wie Sie mit Ihrer fertigen Arbeit zum Prüfungsamt gehen, sie einwerfen und voller Stolz Ihren Freunden und Verwandten von Ihrer fertigen Bachelorarbeit erzählen. Versuchen Sie, sich genau vorzustellen, wie Sie sich fühlen werden. Auf diese Weise lernt Ihr Gehirn, dass Sie Erfolg haben, bevor dieser Erfolg überhaupt eingetreten ist.

Wenn Sie es schaffen, Ihr Gehirn davon zu überzeugen, werden Ihre Taten und Anstrengungen Sie automatisch dorthin führen, da wir alle dazu neigen, unsere eigenen Vorstellungen von uns selbst unterbewusst zu erfüllen. Sollte Ihnen diese Technik nicht ausreichen, können Sie zusätzlich bestimmte Sätze wie „Ich werde es schaffen", „Ich beiße mich durch" oder „Ich kann meine Bachelorarbeit schreiben" täglich aufsagen. Auch, wenn Sie zunächst nicht an den Inhalt dieser Sätze glauben, wird Ihr Gehirn dies unterbewusst registrieren und die Vorstellung über Sie selbst langsam daran anpassen.

3-Monatsplan für Ihre Arbeit

Um Ihnen eine Idee davon zu vermitteln, wie Sie Ihre Zeit bei einem Bearbeitungszeitraum von 3 Monaten einteilen könnten, ist im Folgenden ein beispielhafter Arbeitsplan dargestellt. Bitte beachten Sie, dass Sie einen auf Ihre eigene Zeit und Bedürfnisse angepassten Plan für sich selbst erstellen sollten. Beachten Sie, dass Sie bereits vor Beginn Ihres Bearbeitungszeitraumes von 3 Monaten einen Betreuer gesucht haben müssen, ein Thema gefunden haben und ein engeres Thema präzisiert haben sollten (und damit einhergehend auch schon die Fragestellung kennen sollten), da Sie auf dem Anmeldebogen Ihrer Bachelorarbeit bereits das konkrete Thema angeben müssen. Dieses können Sie später nur noch unter sehr hohem Aufwand und sehr geringfügig ändern, weshalb Sie diese ersten Schritte bereits vor Beginn der drei Monate absolviert haben sollten. Ausgehend von der Annahme, dass Sie Ihr genaues Thema und Ihre Forschungsfrage schon kennen, wäre folgender Plan denkbar:

Art der Arbeit: Quantitative eigene Datenerhebung (empirische Arbeit)

Phase 1: Verschaffen Sie sich einen Überblick – 14 Tage
In dieser Phase recherchieren Sie zu Ihrem Thema. Dazu sammeln Sie Literatur und lesen diese zunächst im Schnellverfahren, um auszuwählen, welche Literatur für Sie besonders wichtig ist. Sie bestimmen Ihre Kernliteratur und lesen diese genauer. Zusätzlich können Sie sich bereits Notizen zu Ihren wichtigsten Quellen machen. Grundsätzlich spricht nichts dagegen, während der kommenden Phasen ebenfalls immer wieder an der Literatur zu arbeiten

und gegebenenfalls in Wartephasen schon Ihren Theorieteil vorzubereiten, insbesondere während Phase 3.

Phase 2: Vorbereitung der Datenerhebung – 7 Tage
In der zweiten Phase geht es darum, Ihre Datenerhebung vorzubereiten. Dies kann bei einer quantitativen Datenerhebung zum Beispiel in Form einer Umfrage passieren. Hier würden Sie die Zeit nutzen, um einen auf Ihre Forschungsfrage und Hypothesen ausgerichteten Fragebogen zu konzipieren, diesen testweise von ein paar Individuen durchführen zu lassen und mögliche Schwierigkeiten und Probleme zu beheben. Außerdem müssen Sie sich Gedanken darüber machen, wie Sie Ihre Stichprobe wählen wollen und wie Sie Ihre Umfrage an Ihre Stichprobe verteilen können.

Phase 3: Durchführung der Datenerhebung – 14 Tage
In der dritten Phase geht es an die eigentliche Datenerhebung. Wenn Sie eine Umfrage erstellt haben, werden Sie diese nun in den Umlauf bringen. Ist dies einmal geschehen, gibt es für Sie erst einmal gar

nicht so viel zu tun, es sei denn, Sie merken, dass Ihr Plan nicht aufgeht und Sie beispielsweise kaum Rücklauf erhalten. In diesem Fall müssten Sie Ihre Strategie anpassen. Ansonsten können Sie bereits mit der Arbeit aus Phase 5 beginnen.

Phase 4: Datenaufbereitung und Auswertung – 7 Tage

Haben Sie Ihre Daten vorliegen, geht es an die Auswertung. Diese erfolgt meist mithilfe eines Auswertungsprogramms, wie zum Beispiel SPSS. Haben Sie Ihre Daten aufbereitet, müssen Sie sie grafisch darstellen und in Ihre Arbeit einfügen.

Phase 5: Schreibprozess – 4 Wochen

Erst jetzt beginnt der eigentliche Schreibprozess. Sie verfassen nun Ihren Theorieteil, Ihre Methodik, die Operationalisierung, die Einleitung, die Auswertung, die Diskussion und das Fazit. Bevor Sie zu schreiben beginnen, sollten Sie Ihren Text grundlegend formatieren, um später Zeit zu sparen.

Phase 6: Feinschliff – 7 Tage

Zum Schluss folgt der Feinschliff. Sie lesen Ihre eigene Arbeit sowohl inhaltlich als auch formell Korrektur und bitten auch andere, dies für Sie zu tun.

Pufferzeit: 7 Tage

Bauen Sie sich immer Pufferzeiten ein, falls etwas nicht nach Plan läuft. Denn es läuft meistens nicht nach Plan.

Herstellung und Verlag:

BoD – Books on Demand, Norderstedt

ISBN: 9783751924238

© Maria Schreiber 2020

1. Auflage

Kontakt: Psiana eCom UG/ Berumer Str. 44/ 26844 Jemgum

Covergestaltung: Fenna Larsson

Coverfoto: depositphotos.com